All
Butterflies

An ABC cut by
Marcia Brown

Charles Scribner's Sons, New York

To C.E.B.

All Butterflies

Cat Dance

Elephants Fly?

Giraffes High

Ice-cold Jumpers

King Lion

Mice Nibbling

Octopus Pants

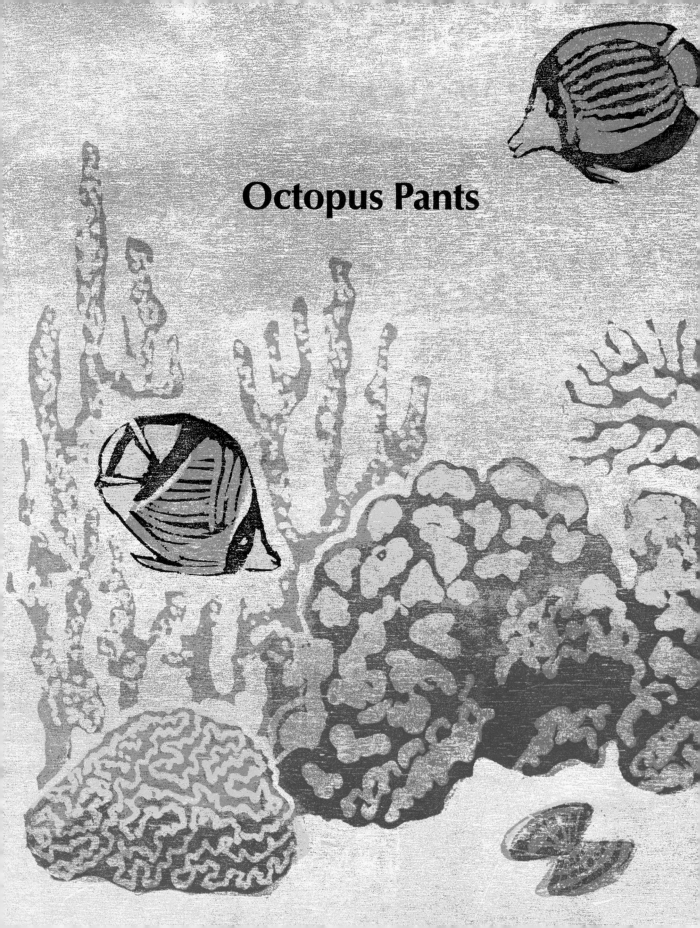

Quiet Raccoons

Sleepy Turtles

Umbrella Valentine

When it's Xmas

A a All
B b Butterflies
C c Cat
D d Dance
E e Elephants
F f Fly?
G g Giraffes
H h High
I i Ice-cold
J j Jumpers
K k King
L l Lion

M m Mice
N n Nibbling
O o Octopus
P p Pants
Q q Quiet
R r Raccoons
S s Sleepy
T t Turtles
U u Umbrella
V v Valentine
W w When it's
X x Xmas
Y y Your
Z z Zoo